ウオッチマン・ニー著

わたしたちの命

JGW日本福音書房

初信者シリーズ

16

わたしたちの命

聖書：コロサイ三・四、ピリピ一・二一、ガラテヤ二・二〇

一　キリストはわたしたちの命である

多くのクリスチャンは主に対して間違った考えを持っています。すなわち、主は地上にあってわたしたちのためにすばらしい模範を残されたので、わたしたちはそれに倣うべきであるとしていることです。確かに、聖書は主に倣いなさいと命じています(ローマ十五・五、Ⅰコリント十一・一など)。しかし、聖書は決して自分自身によって主に倣うようにとは言っていません。わたしたちはまずあるものを見てはじめて、主に倣うことができます。多くの人はいつも主に倣いたいと思いながら、結果的にはいつも失敗しています。彼らは、主はちょうど手本のようであると思い、一つ一つまねをしようとします。彼らは、人がどんなに駄目であるかを知りません

し、人の肉の力には絶対に主に倣う方法がないことを知りません。

あるクリスチャンは、聖書は「わたしは、わたしを力づけてくださる方の中で、いっさいの事柄を行なうことができるのです」(ピリピ四・十三)と告げていると言います。ですから、彼らは主に力を求めるのです。彼らは多くの事をすべきである、聖書の多くの命令を守るべきである、主の多くの模範に倣うべきであると感じますが、自分には力がないので主に力を求めるのです。彼らは、もし主が力を与えてくださるなら、すべての事をすることができると思っています。それで多くの人は、毎日毎日、主が力を与えてくださるようにと主を仰ぐのです。

力を与えてくださるよう主に依り頼むことは正しいです。しかし、主が力を与えてくださること以外に、見なければならない一つのことがあります。もしそれを見ないなら、主に力を与えてくださいと仰いでも、ずっと力のないままでいることになります。毎日、力を与えてくださいと主に求めてもよいでしょう。しかし、時にはこの祈りは答えられますが、時にはこの祈りは答えられないかのようです。そうであれば、主が力を与えられた時はすべての事ができて、主が力を与えられない時はどんな事もできないということになります。ですから、多くのクリスチャンはよく失敗するのです。わたしたちは、主に力を与えてくださいと祈るべきですが、もしこれを単独の命令としたり、たった一つの方法にするとしたら、わたしたちは失敗するでしょう。

聖書の中で見せている主とわたしたちとの関係はいったい何でしょうか？　それは「キリストはわたしたちの命である」ということです。キリストがわたしたちの命となってこそ、わたしたちは主に倣うことができます。キリストがわたしたちの命となってはじめて、わたしたちは力を与えてくださいと主に求めることができます。「キリストはわたしたちの命である」とは何を言うのかがはっきりしないなら、わたしたちには主に倣うすべはありませんし、力を与えてくださいと求めることもできません。ですから、最初に「キリストはわたしたちの命である」という秘訣が明らかになり、これを見て、これを得て、はじめてキリストに倣うことができ、その後でこそ主に力を与えてくださいと求めることができます。

コロサイ人への手紙第三章四節は、「わたしたちの命なるキリスト」と言います。ピリピ人への手紙第一章二一節は、「なぜなら、わたしにとって生きることはキリストであり」と言っています。これから見ることができるように、勝利の道は「わたししたちの命なるキリスト」にあり、勝利の道は「わたしにとって生きることはキリストであり」にあります。もしクリスチャンが、「わたしたちの命なるキリスト」とは何であるかを知らず、「わたしにとって生きることはキリストであり」とは何であるかを知らないなら、そのクリスチャンは主の地上での生活を経験できませんし、主に従う方法もなく、主によって勝利する方法もなく、前に置かれた道を歩むこともできないでしょう。

二　わたしにとって生きることはキリストである

多くのクリスチャンは、ピリピ人への手紙第一章二一節の御言についてとても大きな誤解をしています。パウロの言っている「わたしにとって生きることはキリストであり」とは、一つの事実なのです。それなのに彼らは、「わたしにとって生きることはキリストであり」を一つの目標、あるいは一つの望みにしているのです。実際パウロは、「わたしにとって生きることはキリストであり」という目標があると言っているのではありません。パウロは、わたしが生きることができるのはキリストがあるからであり、もしキリストがなければわたしは生きることができない、と言っているのです。これは彼の事実であって、目標ではありません。これは彼の生活の秘訣であって、望みではありません。彼の生活はキリストです。彼が生きることは、キリストが生きることです。

ガラテヤ人への手紙第二章二〇節は、多くのクリスチャンがとてもよく知っている一節です。しかし、多くの人はこの節をピリピ人への手紙第一章二一節よりもさらに誤解しています。彼らはガラテヤ人への手紙第二章二〇節を彼らの目標とし、神の御前で祈り求め、熱望し、「生きているのはもはやわたしではありません。キリストがわたしの中に生きておられるのです」という境地に達したいと望みます。彼らはこの節を読む度に、熱望で満たされます。多くの人は祈り、断食して、いつかキリストと共に十字架につけられ、生きているのはわたしではなく、キリストがわたしの中に生きておられるというようになりたいと願います。ですから、ガラテヤ人への手紙第二章二〇節は多くの人の目標、望みになってしまっているのです。

しかし、わたしたちの過去の経験によれば、このように願った人がこの目標に到達し得たのをいまだに見たことがないと言えるだけです。もしあなたがそれを目標とするなら、もしその境地に達することを願うなら、もし十字架に釘《くぎ》づけられることを願うなら、もし生きるのはあなた自身ではなくてキリストがあなたの中に生きることを願うなら、いつまで、何年何月まで待たなければならないかわかりません。なぜなら、これはあなたには絶対にできないことだからです。

これは、神がわたしたちに与えられたすばらしい恵みであることを、わたしたちは知らなければなりません。この中に一筋の出口があり、すべて失敗した人に勝利を得させ、すべて汚れた人を清くし、すべて俗な人を聖とし、地に属するすべての人を天に属させ、肉に属するすべての人を霊的にすることができます。これは方法であり、目標ではありません。この方法は、代わりの命によります。主の恵みの中に、代わりに死ぬことがあるのと同様に、代わりに生きることもあります。主は十字架上で、わたしたちに代わって罪を担い、死ぬことによってわたしたちを死から免れさせ、わたしたちの罪は赦しを得て、裁きを免れました。同様に、ここでまたパウロは、主はわたしたちの中に生きてくださり、わたしたちが生きることを免れさせてくださると告げています。この意味はとても簡単です。すなわち、キリストがわたしたちの中に生きてくださり、わたしたちが生きる必要はないということです。キリストが十字架上でわたしたちの代わりに死なれたように、今日、キリストはわたしたちの中でわたしたちに代わって生きてくださいます。パウロは、わたしは自分が生きないことを願っている、キリストに生きてもらうことを願っている、と言っているのではありません。彼は、わたしは生きない、キリストが生きてくださる、と言っているのです。「生きているのはもはやわたしではありません。キリストがわたしの中に生きておられるのです」。これが勝利の秘訣であり、これが勝利を得る方法です。

ある日わたしたちは、死を免れたと聞いて、これは大いなる福音だと感じました。同様に、ある日わたしたちは、わたしたちが生きる必要はないと聞かされました。これもまた大いなる福音です。初信者の兄弟姉妹は切に祈って、神が光を与えてくださり、キリストが人の中で生きられるので、人は自分で生きる必要がないことを見せてくださるようにと求めることを、わたしは望みます。

もしわたしたちがこれを見なければ、証しを維持したり、クリスチャンの生活を維持したり、試みを拒絶したり、十字架を負ったり、神のみこころに従うことは、大変な重荷であると感じるでしょう。主を信じている人の多くは、クリスチャン生活を維持することは大変なことであり、しかもとても力まなければならないと思っています。毎日努力し、毎日ため息をつき、毎日奮闘し、毎日失敗し、毎日証しを維持しようとし、毎日主を辱めるのです。多くの人は、罪を拒絶しようとしても力がありません。罪を拒絶しなければ、心に平安がありません。忍耐しようとしても、忍耐できません。怒れば穏やかでなくなります。愛そうとしても心には力がありません。人を恨めば、心はやり切れない思いでいっぱいになります。多くの人は、クリスチャンになって疲れきっています。彼らは、クリスチャンとは重荷を背負って山登りするようなものであって、もう登って行けないと感じています。彼らは主を信じる前は、罪の重荷を背負って苦労していました。彼らは主を信じてからは、聖なる重荷を背負って苦労しています。あの重荷をこの重荷に取り換えただけで、とても疲れており、またとても苦しんでいます。

こういう状況は、彼らが間違った方法でクリスチャン生活を送っていることを示しています。パウロは言っています、「生きているのはもはやわたしではありません。キリストがわたしの中に生きておられるのです」。これがクリスチャン生活の秘訣です。主があなたの中でクリスチャンになってくださるのであって、あなたがあなたの中でクリスチャンになるのではありません。もしあなたがあなたの中でクリスチャンになるのであれば、忍耐は苦痛であり、愛も苦痛です。へりくだりも苦痛ですし、十字架を負うことも苦痛です。もしキリストがあなたの中で生きてくださるのなら、忍耐は喜びであり、愛も喜びです。へりくだりも喜びですし、十字架を負うことも喜びです。

兄弟姉妹よ、クリスチャンであることにとても疲れを覚え、どうしようもなく、他の事に手がつかないような時、もし今後は自分自身が生きる必要がないことを見たなら、これは大いなる福音であると感じるでしょう。こんなに疲れる生活を免れるのであれば、これはどのクリスチャンにとっても大いなる福音です！　あなたはクリスチャンとしてやっていくのに、そんなに力む必要はありません。重荷を背負う必要はありません！　あなたは次のように言うことができます、「過去わたしは、自分は死を免れることができるという福音を聞きました。神に感謝します。もはやわたしは死ぬ必要がありません。今日わたしは、生きるのに疲れ果ててしまいましたが、神は、わたしは生きるのを免れることができると言われます。神に感謝します。もはやわたしは奮闘して生きる必要がありません」。

もちろん、死は苦しいことですが、わたしたちが神の御前に生きることも、同じように苦しいことです。わたしたちこのような人は、何が神の聖か、何が愛か、何が十字架かを全く知りません。このような人を神の御前に置いて生きさせるような重荷は、確かにわたしたちが負い切れるものではありません。生きれば生きるほど、ため息が出ます。生きれば生きるほど、難しいと感じます。このような人が努力奮闘してクリスチャンとしてやっていくことは、確かに力のいることであり、しかも絶対にうまくいかないことです。こんなわたしたちが神のそのような要求に応じられるわけがありません。ある人は一生涯、短気を起こします。ある人は一生涯、忍耐することができません。ある人は一生涯、高ぶります。高慢な人が神の御前に生きて、毎日毎日無理をしてへりくだろうとすれば、そのへりくだりの結果、疲れ果ててしまいます。ローマ人への手紙第七章のパウロは、疲れ切ったクリスチャンです。彼は言いました、「なぜなら、わたしは善をしようと欲するのですが、善を行ない出すことはないからです」(ローマ七・十八)。毎日善をしようとしますが、毎日そうすることができません。ですから、パウロはため息をついて、「何とわたしは苦悩している者でしょう!」(二四節)と言うだけでした。実は、クリスチャンとなることは、肉欲に満ちた人を天国に置いて、奴隷とならせることではありません。幸いなことに、肉欲に満ちた人は一人として天国に入ることはできません。たとえ入ったとしても、一日として耐えられずに、急いで逃げ出してくるでしょう。なぜなら、彼の気質と神の気質は同じではなく、彼の意見と神の意見は同じではなく、彼のやり方と神のやり方は同じではなく、彼の見方と神の見方は同じではないからです。どうすれば彼は神の要求に応じることができるでしょうか！　彼には神の御前で少しの方法もありません。ただ逃げ去るほかないのです。

しかし、ここであなたに福音を伝えましょう。神はあなたが善をすることを求めません。また善をしようとする意志も求めません。神は、キリストがあなたの中で生きることを求められます。神が注意されるのは、善を行なうか行なわないかの問題ではなく、だれが善を行なうかの問題です。神は、善であればそれでよいとは言われません。神は、だれが善をするかを問われます。

ですから、神の方法は、わたしたちにキリストのまねをさせるとか、キリストと同様に行なわせることではありません。またわたしたちがキリストのように行なえるよう、ひざまずいて主に力を与えてくださいと求めることでもありません。神の方法は、「生きているのはもはやわたしではありません。キリストがわたしの中に生きておられる」なのです。この違いがわかりますか？　キリストの生活に倣うのではなく、またこの生活をするために力を与えられるのでもありません。あなた個人が生きるのではありません。神は、あなた個人を神の御前で生きさせるのではありません。あなた一人で神の御前に来るのではなく、キリストがあなたの中に生きて神の御前に来るのです。わたしたちがキリストに倣うのではなく、わたしたちがキリストの力を得るのではなく、キリストがわたしたちの中で生きられることです。

これが信者の生活です。信者の生活は、わたしが生きるのではなく、キリストが生きるのです。もともとはわたしが生きていて、キリストではありませんでした。しかし、今日わたしが生きるのではなく、キリストが生きられるのです。今日、交換して生きるのです。ですから、「生きているのはもはやわたしではありません。キリストがわたしの中に生きておられるのです」と言うことができない人は、何がキリストの教えなのか、何がキリストの命なのか、何がクリスチャンの生活なのかを知らないのです。その人は、「わたしが生きるのではない。キリストが生きられるのである」という境地に至ることを願っているだけなのです。しかし、パウロはこの程度にまで至りたいと言っているのではありません。パウロは、これが自分の生活の方法であると言っているのです。パウロの方法は、自分が生きるのではなく、キリストに生きていただくことです。

三　わたしはすでにキリストと共に十字架につけられた

あるいはこう質問する人もいるでしょう。どのようにすれば生きているのはもはやわたしではないとなるのでしょうか？　この「わたし」は、どのようにすれば除き去られるのでしょうか？　この問題の答えは、ガラテヤ人への手紙第二章二〇節の「わたしはキリストと共に十字架につけられました」です。もしわたしがキリストと共に十字架につけられたのでなければ、わたしは除き去られることができないし、もしわたしがキリストと共に十字架につけられたのでなければ、わたしはやはりわたしのままです。どうして「もはやわたしではありません」と言えるでしょうか？ただ「キリストと共に十字架につけられた」人だけが、「もはやわたしではありません」と言うことができます。

わたしたちがキリストと共に十字架につけられたということについては、必ず両面が相働いてこそ、わたしたちの経験となり得ます。ただ一面があるだけでは駄目であり、両面があってはじめてうまくいきます。

わたしたちの内側の目が開かれて、主イエスが十字架上で死なれた時、神はわたしたちをキリストの中に置いて、キリストと共に死なせられたことを、わたしたちは見る必要があります。これは神の側での働きです。あなたは、主イエスがあなたの罪を担ってあなたの代わりに死なれたことを信じました。それは千九百年余り前の事でした。同じように、主イエスが十字架に釘づけられた時、神はあなたをキリストの中へと置かれました。あなたの罪が千九百年余り前に解決されたように、あなたという人もまた千九百年余り前に解決されました。神があなたの罪をキリストの上に置いたその時に、神はあなたをもキリストの中に置かれたのです。十字架上であなたの罪は終わりました。十字架上であなたという人も終わりました。わたしたちはローマ人への手紙第六章六節の「わたしたちの古い人が彼と共に十字架につけられた」という言葉を記憶しなければなりません。わたしたちは、キリストと共に十字架につけられることを望むのではありません。すでにキリストと共に十字架につけられたのです。わたしたちはキリストと共に十字架につけられ、それは永遠に変わることがないのです。キリストが十字架上で死なれた時、神はわたしたちをキリストの中に置かれ、わたしたちも十字架上で死にました。

例えば、一枚の紙を取って、それにいくつかの大きな字を書いたとします。この紙を裂くなら、このいくつかの字も裂かれます。あなたは紙を裂きます。しかし、紙を引き裂く時、おのずとこのいくつかの字も一緒に引き裂くのです。聖書は、幕屋の中の垂れ幕にはケルビムが織り出されていると告げています(出二六・一)。主イエスが世を去られた時、垂れ幕が裂けました(マタイ二七・五一)。そして当然ケルビムも裂けました。この垂れ幕は主イエスの肉体を指しています(ヘブル十・二〇)。ケルビムには人の顔、獅子《しし》の顔、牛の顔、わしの顔がありました(エゼキエル一・十、十・二〇)。これは被造物を代表しています。主イエスの肉体が裂かれた時、神は被造物を主イエスの中に置いて、みな一緒に裂かれました。彼の死は、「あらゆるもののために死を味わわれるため」でした(ヘブル二・九)。ですから、旧創造すべてが過ぎ去りました。何年間もあなたには、善い人になる方法がありませんでした。何年間もあなたは、自分をクリスチャンとして成功させたいと思いながら、成功しませんでした。しかし、現在あなたは、神がすでにあなたをキリストと共に十字架上に釘づけられたことを見ています。キリストが十字架上に釘づけられた時、旧創造全体が裂かれました。あなたもそこにおいて裂かれたのです。

この真理について、あなたは必ず信じなければなりません。あなたの目が開かれて、あなたの罪はすでにキリストの上にあり、あなたという人もすでにキリストの上にあるということを、見なければなりません。罪は十字架上にあります。あなたの罪はすでに担われ、あなたという人はもはや釘づけられて死んでいます。これはキリストがなさった事です。多くの人が失敗するのは、いつも自分の内側を見つめるからです。信仰のある人は、十字架上を見つめるべきであり、キリストが成し遂げられたことを見るべきです。神はわたしをキリストの中に置かれたのですから、キリストが死なれたのであれば、わたしも死んだのです。

しかし、どうしてあなたという「人」は今日なおも生きているのでしょうか？　あなたは釘づけられて死んだのに、どうしてまだ生きているのでしょうか？　この問題を解決するためには、あなたは信じる必要がありますし、意志を用いて自分を神の側に置く必要があります。もしあなたが毎日あなたという「人」を見て、この人が毎日良くなることを期待するなら、あなたという「人」は生きていなくても生き返ってしまい、安心して死んでいることができません。何を死と言うのでしょうか？

人が弱くなり、さらに弱くなって、極みまで弱くなって、これ以上弱くなれないほどまで徹底的に弱くなることが、死です。多くの人は自分の弱さを認めません。自分に対してまだ多くの要求があるなら、その人はまだ死んでいません。

ローマ人への手紙第六章で、神はわたしたちをキリストと共に釘づけて死なせたと言っています。しかし、第七章には依然として志を立てている人がいます。神は彼を釘づけて死なせられたのに、彼はまだ善を行なおうとしています。彼という人は、死んでも死に切れず、行なってもうまくいきません。もし彼が「主よ、わたしは駄目です。わたしは自分でできるとは思いません。主よ、わたしは善を行なうことができません。善を行なおうと志を立てることもしません」と言うなら、それで良いのです。しかし、ローマ人への手紙第七章は、人はやはり死を心から願わないと言っています。神はあなたの古い人を十字架上で釘づけ死なせられましたが、あなた自身はまだ心から納得しておらず、やはり善をしようと志を立てるのです。今日、多くのクリスチャンが、自分は駄目なのにやはり行なおうとします。これでは方法がありません。例えば、ある人が忍耐できない時、どうするでしょうか？　もし彼が自分で忍耐しようとして、力を尽くして忍耐し、祈る時も忍耐を求め、働く時も忍耐を思うとしたら、忍耐すればするほどますます忍耐できなくなるでしょう。彼は次のように言うべきです、「主よ、あなたはすでに、この忍耐できないわたしを釘づけられました。わたしは忍耐できない人です。わたしは忍耐する必要がありませんし、忍耐しようとも思いません」。これこそ勝利の道です。

主はあなたを十字架に釘づけられたのですから、あなたは「アーメン！」と言うべきです。主はあなたを十字架につけられたのに、もしあなたがまだ自分で忍耐しようと思うのでしたら、それは駄目です。神はあなたを駄目であるとして、あなたを釘づけられたのに、あなた自身はいまだに忍耐してみよう、やってみようと思っています。神はあなたが駄目であるのを見て、あなたを釘づけられたのに、あなたは今なお自分は大丈夫だ、一生懸命クリスチャンらしくやろうと思っています。もしこうであれば、あなたは大変な間違いをしていることになります。神はすでに、あなたにはできないとして、やむなくあなたを十字架に釘づけられたのに、あなたは自分はできると思っているのです。神はあなたが駄目であるのを見て、あなたが死ぬことを求めておられるのに、あなたはまだ志を立てて、もがいています。これは何と愚かなことでしょう！　神はあなたが駄目であることを知っておられるのですから、あなたも自分は駄目であると認めればよいのです。神はあなたを死ぬべきだと見ておられるのですから、あなたは「アーメン、わたしは死に渡されるべきです」と言えばよいのです。十字架は、わたしたちに対する神の決断です。神から見れば、あなたは駄目です。もしあなたが駄目でなければ、神はあなたを釘づけられなかったでしょう。しかし神は、あなたが死ぬ以外に道はないと認められたので、あなたを釘づけられたのです。神が見られるようにあなたも見るのが、正しいです。兄弟姉妹よ、神の決断を受け入れることができるところまで必ず導かれなければなりません。

ですから、これには二面あります。第一に、キリストは死なれ、わたしたちは十字架につけられました。これは神がなさった事です。第二に、わたしはこの事を認めて、「アーメン」と言う必要があります。必ずこの両面が合わさってこそ、神のなさった事がわたしたちの上で効果を生じます。もしあなたがずっと神を邪魔して、善をしようと志を立て、忍耐し、へりくだるなら、キリストがあなたの上でなさった事は効果を生じることができません。あなたのその志を立ててへりくだっている事が、志を立てて忍耐している事が、あなたを駄目にしているのです。もしあなたが頭を低くして、「主よ、あなたはわたしが十字架につけられるべきであると言われます。わたしも自分は十字架につけられるべきであると言います。あなたはわたしが役に立たないと言われます。わたしも自分は役に立たないと言います。あなたはわたしが忍耐できないと言われます。わたしも今後は忍耐しようとしません。あなたはわたしがへりくだることはできないと言われます。わたしも今後はへりくだろうとは思いません。わたしはこのような者です。わたしが志を立てても役に立ちません。わたしは十字架で死ぬに値するだけです」。こうであれば、キリストはあなたから生かし出されるでしょう。

これはとても難しいことであるとしてはなりません。これは、どの兄弟姉妹も救われた後に学ぶべき学課です。初めからわたしたちは、自分が生きないで主に生きていただくことを学ぶべきです。基本的な問題は、多くのクリスチャンが自分に対してあきらめていないところにあります。ですから、志を立ててやってみようとするのです。主イエスはずっと前に人についてあきらめておられるのに、人はまだ努力し、まだ方法を考え、何度もつまずきながら、何度も起き上がっています。何度も罪を犯し、何度も志を立て、自分に対してずっとあきらめていないのです。ある日になって、神は彼をあわれみ、彼に見せられます。神はわたしを駄目だと見ておられるので、わたしも自分を駄目だと見ます。神は、わたしが死ぬ以外に道はないと見られるので、わたしも自分は死ぬ以外に道はないと見ます。こうしてこそ、彼は神の御前に来て、認め、次のように言うことができるのです、「あなたはわたしを釘づけられました。わたしはもはや生きたくありません。わたしはすでにキリストと共に十字架につけられました。今から後は、もはやわたしが生きるのではなく、キリストがわたしの中で生きられます！」。

わたしたちはこんなに長い間、こんなに多くの罪を犯し、こんなに多くの弱さを持ち、こんなに多くの高ぶりを持ち、こんなに多くのかんしゃくを起こしてきましたから、わたしたちは自分に対してあきらめるべきです。主の御前に来て、主に言いましょう、「わたしはすでに十分やってきましたが、本当に駄目でした。今日、わたしはもうあきらめます。あなたが来てください！　わたしはすでに十字架につけられたのですから、今から後はあなたに生きていただきます！」。これが、「生きているのはもはやわたしではありません。キリストがわたしの中に生きておられるのです」ということです。

四　神の御子を信じる信仰によって生きる

ガラテヤ人への手紙第二章二〇節にはさらに二つの重要な言葉があります、「そしてわたしは今、肉体の中で生きているその命を……神の御子の信仰の中で生きるのです」。キリストはわたしたちの中に生きておられます。今後わたしたちは神の御子を信じる信仰によって生きます。わたしたちが日々信じるのは、神の御子がわたしたちの中に生きておられることです。わたしたちは主に向かって言います、「主よ、わたしはあなたがわたしに代わって生きておられることを信じます。主よ、わたしは、あなたがわたしの命となっておられることを信じます。わたしが信じるのは、あなたがわたしの中に生きておられることです」。わたしたちがこのように信じるなら、わたしたちはこのように生きるのです。どんな事が起ころうとも、わたし自身は動きません。ローマ人への手紙第七章の基本的な学課は、志を立てないようにということです。ローマ人への手紙第七章の基本的な教えは、志を立てたところで役には立たないのだから、今後は志を立てないということです。自分が動いても役に立たないのだから、今後は動かないということです。

サタンがわたしたちを試みる目的は、わたしたちに罪を犯させることだけでなく、わたしたちの古い人を動かそうとすることです。ですから、試みがやってくる度にわたしたちは、動くことを拒絶する学びをし、主に向かって次のように言うべきです、「主よ、これはわたしの事ではありません。これはあなたの事です。主よ、わたしは、あなたがわたしに代わって生きてくださることを仰ぎ望みます」。仰ぎ望むことを学ぶのであって、自分が動いてはなりません。わたしたちの救いは、信じることによるのであって、行為によるのではありません。わたしたちの命も、信じることによるのであって、行為によるのではありません。わたしたちが救われた時、それは完全に仰ぎ望むことによったのです。今日わたしたちはやはり仰ぎ望むことによって生きるのです。救いが主によって達成されて、わたしたちが何もかかわらなかったのと同様に、今日わたしたちが地上で生きる事の上でも、わたしたちが生きるのではなく、主が生きられるのです。わたしたちは、わたしたちを救ってくださった主を仰ぎ望んで、「あなたであって、わたしではありません」と言う必要があります。

こう言ったにもかかわらず、もし自分で相変わらず動くなら、その言葉は口先だけのものです。自分が動かないではじめて、この言葉は役に立ちます。兄弟姉妹よ、失敗は人の行ないが足りないことによるのではなく、人の行ないが多いことにより ます。人に自分の行為がある時、神の恵みはその人の上に臨みませんし、彼の罪も赦されません。同様に、わたしたちの行為が多い時、わたしたち自身が動く時、主の命も現れません。これは一つの原則です。十字架の効果は、自分の行為に依り頼む人の上には現されません。もしわたしたちが絶えず良くなろうとするなら、救われることはできません。反対に、自分に依り頼まず、主を仰ぎ望む時、救われることができます。今日の問題もここにあります。もし十字架があなたの中で働くのでなく、もしキリストの命があなたの中で動くのでなく、自分がそこで動き、自分がそこで行なうなら、これらの言葉は無駄になります。わたしたちは自分を罪に定めることを学ぶ必要があります。自分はこのように勝利を得ることのできない人であることを認めなければなりません。ですから、わたしたちは志を立てたり、方法を考えたりせず、ただ頭を上げて言うのです、「主よ、わたしは、あなたがわたしの中に生きてくださるよう仰ぎ望みます！　わたしのすべての生活において、あなたがわたしに代わって生きてください。あなたがわたしに代わって勝利してくださるよあなたがご自身の命を現してくださるよう仰ぎ望みます！」。あなたがこのように言うなら、主はこのようにしてくださいます。もしあなた自身の行ないとあなたの信仰が相反するなら、主は行なうことができません。これは必ず徹底的に解決しなければなりません。わたしたちは日ごとに信じ、日々もっぱら主に向かって言わなければなりません、「主よ、わたしは役に立ちません！　あなたの十字架をわたしは受け入れます。主よ、わたしが動かないように守ってください。主よ、あなたが主となって、あなたが生きてください！」。もしあなたが信じることができ、仰ぎ望むことができ、依り頼むことができるなら、毎日、「わたしが生きているのではなく、キリストが生きておられる！」と証しすることができるでしょう。

わたしたちの命

2012年3月1日　初版印刷発行　定価250円（本体238円）

著　者　ウ　オ　ッ　チ　マ　ン・ニ　ー

発行所　ＪＧＷ日　本　福　音　書　房

〒151-0053 東京都渋谷区代々木1-40-4
TEL 03-3373-7202　FAX 03-3373-7203
（本のご注文）TEL 03-3370-3916　FAX 03-3320-0927
振替口座００１２０－３－２２８８３

ISBN978-4-89061-629-9 C0016 ¥238E